LE SIECLE DE LA RAISON,

OU

LE SENS COMMUN DES DROITS DE L'HOMME;

Par F. Lanthenas, *Député à la Convention Nationale : Suivi d'un Tableau frappant du despotisme & fanatisme ancien & moderne, dédié à tous les Sans-culottes de la République Française & à nos Descendants; par le Citoyen* Néez, *propagateur de l'esprit révolutionnaire.*

LE SIECLE DE LA RAISON.

Des Missions & des Révélations.

TOUTES les institutions de culte, ou de religion nationale, ont eu pour base une prétendue mission que Dieu a spécialement confiée à quelques individus. Les Juifs ont eu leur Moïse; les Chrétiens, leur Jesus-Christ, leurs apôtres & leurs saints; les Turcs, leur Mahomet: comme s'il n'étoit pas de l'essence des voies de Dieu d'être également ouvertes à tous les hommes.

Toutes ces églises produisent des livres, qu'elles qualifient de *révélation*, ou parole de Dieu. Les Juifs disent que leur parole de Dieu a été donnée par Dieu à Moïse, face à face; les Chrétiens, que leur parole de Dieu leur a été transmise par une inspiration divine ; & les Turcs, que leur parole de Dieu (le Koran) leur a été apportée du ciel par un ange. Chacune de ces églises accuse les autres d'infidélité : quant à moi, je rejette leur croyance à toutes.

Comme il est nécessaire d'attacher des idées justes aux mots, je dois, avant d'aller plus loin sur cet objet, offrir quelques observations sur le mot *révélation*. La révélation, quand on l'applique à la religion, signifie une communication immédiate entre Dieu & l'homme.

On ne peut nier que Dieu n'ait le pouvoir de faire de telles communications, s'il le trouve convenable. Mais supposons, pour un instant, qu'une chose ait été révélée à une personne, & non pas à une autre, ce n'est une révélation que pour la premiere. Quand elle annonce cette communication à une seconde personne, qui la raconte à une troisieme, celle-ci à une quatrieme, & ainsi du reste, la révélation cesse d'en être une pour tous ceux qui la reçoivent subséquemment. Elle n'est révélation que pour celui à qui la communication a été faite directement. Ce n'est qu'un oui-dire pour tous les autres ; ils ne sont donc pas obligés d'y croire.

C'est une contradiction dans les termes & dans les idées, que d'appeller révélation, ce qui nous a été transmis par un tiers, soit verbalement, soit par écrit. La révélation est nécessairement bornée à la communication. L'on ne voit au-delà que l'allégation de quelqu'un qui dit qu'une révélation lui a été faite, & quoiqu'il puisse se regarder comme obligé d'y croire, cette obligation ne peut pas s'étendre jusqu'à moi; car la révélation ne m'a pas été faite, & j'ai seulement la parole d'un autre pour garant qu'elle lui a été faite.

Quand Moïse disoit aux enfants d'Israël, qu'il avoit reçu de la main de Dieu, les deux tables des commandements, les Juifs n'étoient pas obligés de le croire, parce qu'ils n'avoient d'autre autorité pour les y déterminer que son assertion. Il en est de même de moi, à plus forte raison, qui n'ai d'autre autorité pour engager ma foi, que quelques historiens. Les commandements ne portent point en eux-mêmes la preuve incontestable d'une transmission divine. Ils contiennent quelques bons préceptes de morale, tels que tout homme capable d'être un législateur pourroit en donner, sans avoir recours à une intervention surnaturelle.

Quand on me dit que le Koran a été écrit dans le ciel, & apporté à Mahomet par un ange, c'est toujours à-peu-près la même espece d'autorité, un témoignage de la seconde main, ainsi que dans le cas précédent. Comme je n'ai pas vu l'ange par moi-même, j'ai bien le droit de n'y pas croire.

Quand on me dit encore qu'une femme, nommée la Vierge Marie, a déclaré qu'elle étoit enceinte sans avoir eu de cohabitation avec un homme; quand on ajoute que Joseph, son fiancé, assure qu'un ange le lui a annoncé; j'ai toujours le droit de croire ces gens-là, ou de ne pas les croire. Un événement de cette espece exige des preuves bien plus fortes que leur témoignage. Mais ce témoignage même, nous ne l'avons pas. Ni Joseph, ni Marie, n'ont rien écrit là-dessus. D'autres rapportent seulement que Joseph & Marie l'ont ainsi déclaré. C'est donc oui-dire sur oui-dire. Assurément je ne dois pas établir ma croyance sur de telles autorités.

Il n'est pas au surplus difficile d'expliquer comment on est parvenu à persuader que Jesus-Christ étoit le fils de Dieu. Jesus naquit dans un temps où la mythologie payenne étoit encore à la mode, & jouissoit d'un certain crédit dans le monde. Or cette mythologie avoit préparé les peuples à croire des histoires semblables. Presque tous les hommes extraordinaires, qui ont existé sous la mythologie payenne, ont passé pour les fils de quelque Dieu. Ce n'étoit pas une chose nouvelle alors de croire que des hommes avoient des auteurs célestes. Rien n'étoit plus commun dans l'opinion que le commerce des dieux avec les femmes. Jupiter, à ce que l'on disoit, avoit eu commerce avec une multitude d'entr'elles. Une telle narration ne présentoit donc rien de neuf, d'extraordinaire, ou d'obscene. Elle étoit conforme à l'opinion dominante de ceux que nous nommons *Gentils*, c'est-à-dire de ceux qui suivoient la mythologie payenne ; & ce furent ces peuples seuls qui y crurent. Les Juifs qui s'étoient strictement renfermés dans la croyance d'un Dieu unique, & qui avoient toujours rejeté la mythologie payenne, ne crurent point à cette histoire.

Il est curieux d'observer comment la théorie de ce qu'on appelle le christianisme, a été entée sur les derniers rejetons de la mythologie payenne. On commença par donner un Dieu pour pere à son fondateur. La Trinité qu'on adopta ensuite, ne fut qu'une réduction dans le nombre des dieux, qui alloit à plusieurs milliers. La statue de la Vierge Marie remplaça la Diane d'Ephese. A la déification des héros, on substitua la canonisation des saints. Les mythologues payens avoient des dieux pour chaque être. Les mythologues chrétiens eurent des saints pour tout ce que renfermoit la nature. L'église fourmilla de saints, comme le Panthéon avoit fourmillé de dieux. Rome fut le siege des uns & des autres. La théorie du christianisme n'est guere que l'idolâtrie des anciens mythologues, appropriée aux vues de l'ambition & de la cupidité ; & cependant la raison & la philosophie n'ont pas encore détruit cette production amphibie des fraudes de tous ces prêtres.

Du caractere de Jesus-Christ & de son histoire.

Rien de ce que je viens de dire ne peut recevoir l'application même la plus éloignée au caractere *réel* de Jesus-Christ. C'étoit un homme vertueux & aimable. La morale qui fut le texte de ses prédications, & la regle de sa conduite, étoit l'expression de la bienveillance la plus pure ; & quoique de pareils systêmes eussent été enseignés bien des années auparavant par Confucius & par quelques philosophes Grecs, quoiqu'ils l'aient été depuis par les Quakers, & par beaucoup de gens de bien dans tous les siecles, aucun d'entr'eux n'en a proposé de meilleur.

Jesus-Christ n'a rien écrit sur lui-même, sur sa naissance, sur ses parents, ou sur quoi que ce soit. Pas une ligne de ce qu'on appelle le nouveau testament n'a été tracée par lui. L'histoire de sa vie est entiérement l'ouvrage d'autrui ; & quant à celle de sa résurrection & de son ascension en particulier, c'étoit le pendant nécessaire de celle de sa naissance. Ses historiens l'ayant fait venir au monde d'une maniere surnaturelle, il falloit bien l'en faire sortir de la même maniere. Autrement l'histoire de sa naissance auroit manqué son but.

La miſérable invention à laquelle on eut recours pour cet aſſortiment, eſt d'une hardieſſe juſqu'alors ſans exemple. La premiere partie de ſon hiſtoire, celle de ſa conception miraculeuſe, étoit une choſe qui n'admettoit pas de publicité, & ceux qui la racontoient avoient cet avantage, qu'en ne les croyant même pas, il n'étoit pas poſſible du moins de conſtater leur impoſture. On ne pouvoit pas exiger qu'ils donnaſſent la preuve de ce qu'ils avançoient, puiſque c'étoit une choſe qui n'étoit pas ſuſceptible d'être prouvée, & il n'étoit pas poſſible non plus que celle de qui on racontoit cette conception miraculeuſe, en donnât perſonnellement la preuve.

Mais il n'en eſt pas de la réſurrection d'un mort, & de ſon aſcenſion dans les airs, comme d'une conception cachée. En ſuppoſant que ces faits euſſent eu lieu, ils étoient ſuſceptibles d'une démonſtration ſenſible à tous les yeux, comme celle de l'aſcenſion d'un ballon, ou du ſoleil en plein jour, du moins pour la ville de Jéruſalem. Une choſe pour laquelle on exige la croyance de tous les hommes, doit être appuyée ſur les mêmes preuves & les mêmes témoignages pour tous. Au lieu de cela, on ne préſente qu'un petit nombre de perſonnes, pas plus de huit ou neuf, que l'on fait paroître, comme ſi elles étoient chargées de repréſenter le monde entier; elles diſent, nous avons vu ; & l'on veut que toute la terre croie. Cependant, il paroît que Thomas ne voulut rien croire de la résurrection ; qu'il ne voulut croire, au moins, comme la chose est rapportée, qu'après avoir eu, pour lui-même, une démonstration oculaire & visuelle. *Ainsi je ferai comme lui :* & la raison est aussi bonne pour moi & pour toute autre personne, que pour Thomas.

C'est en vain qu'on tenteroit de pallier ou de déguiser ce fait. L'histoire de Jesus, quant à ce qui regarde sa partie surnaturelle, a toutes les marques de la fraude, & de l'imposture, qui ressortent & frappent à chaque page. Il nous est aussi impossible, maintenant, d'en connoître les auteurs, qu'il nous l'est d'être assurés que les livres qu'elle renferme, furent écrits par ceux dont ils portent le nom. La preuve qui pourroit être recueillie, seroit celle que l'on pourroit tirer des Juifs. Ils descendent en droite ligne du peuple chez lequel on assure que s'est faite cette résurrection & cette ascension : or les Juifs disent *que cela n'est pas vrai.* J'ai, depuis bien long-temps, pensé qu'il y avoit une étrange inconséquence à citer les Juifs comme une preuve de la vérité de cette histoire. C'est justement comme si quelqu'un disoit, je prouverai la vérité de ce que je vous ai dit, en vous produisant les personnes qui disent que cela est faux.

Qu'il ait existé un homme tel que Jesus-Christ, & qu'il ait été crucifié, ce qui étoit le mode d'exécution usité à cette époque, il n'y a rien là qui ne soit dans les limites de la probabilité. Il prêcha la meilleure morale & l'égalité des hommes: mais il prêcha aussi contre la corruption & l'avarice des prêtres Juifs; & cela lui attira la haine & la vengeance de tout ce qui tenoit au sacerdoce. L'accusation que les prêtres porterent contre lui, fut qu'il conspiroit & qu'il prêchoit la révolte contre le gouvernement des Romains, auquel les Juifs étoient alors soumis. Or, on peut croire, sans choquer la vraisemblance, que ce gouvernement, aussi bien que les prêtres, fut alarmé, jusqu'à un certain point, des effets de sa doctrine: il n'est pas non plus impossible que Jesus-Christ se proposât d'affranchir la nation juive du joug des Romains. Quoi qu'il en soit, ce vertueux réformateur, ce révolutionnaire trop peu imité, trop oublié, trop méconnu, perdit la vie pour l'une ou pour l'autre de ces suppositions.

Des bases du christianisme.

C'est sur ce simple exposé de faits, & sur quelque chose encore que je dirai bientôt, que les mythologues chrétiens, qui se sont dits l'église chrétienne, ont construit leur fable, qui ne le cede point en extravagance, à ce qu'on peut trouver de plus absurde dans la mythologie des anciens.

Les anciens mythologues avoient dit qu'une race de géants fit la guerre à Jupiter ; que l'un d'eux lança contre lui cent rochers à la fois ; que Jupiter le défit à l'aide de son tonnerre, & l'accabla ensuite de tout le poids du mont Etna ; enfin que chaque fois que le géant se retournoit, le mont Etna lançoit des feux. Il est facile de voir ici, que la montagne & le volcan qui brûle sous elle, suggérerent l'idée de la fable, & qu'elle est faite pour cadrer & se lier avec ces circonstances.

Les mythologues chrétiens disent de même, que Satan fit la guerre au Tout-puissant, qui le défit aussi & l'enferma après dans un abyme. Il est facile de voir que l'idée de la premiere fable suggéra celle de la seconde. Car la fable de Jupiter & des géants fut racontée plusieurs centaines d'années avant celle de Satan.

Jusque-là les anciens mythologues & les chrétiens different très-peu. Mais les derniers imaginerent de pousser l'histoire beaucoup plus loin. Ils voulurent lier la partie fabuleuse de l'histoire de Jesus-Christ avec la fable du mont Etna ; & pour faire correspondre toutes les parties de la premiere, ils appellerent à leur secours les traditions juives.

En effet, la mythologie des Chrétiens est

composée en partie de la mythologie ancienne, en partie des traditions juives.

Les mythologues chrétiens, après avoir renfermé Satan dans l'abyme, furent contraints de l'en faire sortir, pour la continuation de l'histoire. Ils l'introduisirent, sans dire comment, dans le jardin d'Eden, sous la forme d'un serpent ; & ils le firent entrer en conversation avec Eve, qui ne fut pas du tout surprise d'entendre parler un serpent. L'issue de ce tête-à-tête fut que le serpent persuada à la crédule Eve de manger une pomme ; & pour cette pomme le genre humain fut damné.

Après avoir donné à Satan ce triomphe sur toute la création, on supposera peut-être que les mythologues de l'église furent assez honnêtes pour renvoyer bien vîte Satan dans l'abyme, ou qu'ils lui mirent une montagne sur le corps, chose qui leur étoit aisée, car ils disent que leur foi transporte les montagnes; on croira du moins, qu'à l'exemple des anciens mythologues, ils le mirent en prison sous une montagne, pour l'empêcher de ressortir, de s'insinuer de nouveau parmi les femmes, & de leur faire plus de mal. Point du tout : au lieu de cela, ils le laissent en liberté, sans exiger même sa parole. Mais le secret de cette histoire, c'est qu'ils ne pouvoient rien faire sans lui : après avoir eu beaucoup d'embarras pour le créer, ils le corrompirent par des promesses, afin qu'il restât & roulât dans le monde. Ils lui promirent, d'avance, tous les Juifs, tous les Turcs, les neuf dixiemes du genre humain, & Mahomet par dessus le marché. Après cela, qui peut douter de la bonté de la mythologie chrétienne?

Après avoir ainsi imaginé une insurrection, & fait livrer une bataille dans le ciel, bataille dans laquelle aucun des combattants ne pouvoit être ni tué ni blessé; après avoir mis Satan dans l'abyme, l'avoir laissé ressortir, lui avoir donné un triomphe signalé sur toute la création; enfin, après avoir damné toute la race humaine pour une pomme, ces mythologues chrétiens lierent, par une autre merveille, cette fable à l'histoire de Jesus-Christ. Ils représentent cet homme aimable & vertueux, comme étant à-la-fois Dieu, homme & fils de Dieu, miraculeusement engendré, afin d'être sacrifié, & cela, disent ils, parce qu'Eve, cédant à une gourmandise effrénée, avoit mangé une pomme.

Examen détaillé des bases précédentes.

Oublions tant d'absurdités ridicules, tant de blasphêmes qui appellent l'indignation. Renfermons-nous uniquement dans l'examen des parties de cette histoire. Il n'est pas possible d'en concevoir une plus indigne du Tout-puissant, moins d'accord avec sa sagesse, plus contradictoire avec son pouvoir.

Ses inventeurs, pour jeter les fondements sur lesquels il leur plut de la construire, furent dans la nécessité de donner à l'être qu'ils nommerent Satan, un pouvoir aussi étendu, si même il ne l'est pas davantage, que celui qu'ils attribuent au Tout-puissant. Ils laisserent à cet être le pouvoir, non-seulement de se délivrer, de sortir de l'abyme, après ce qu'ils appellent sa chûte, mais encore ils ont fait croître ensuite ce pouvoir jusques à l'infini. Avant cette chûte, Satan, selon eux, n'étoit qu'un ange d'une existence bornée, ainsi que le reste des anges : mais après elle, il devient présent par-tout, il existe en tout lieu, à la même heure : il occupe toute l'immensité de l'espace.

Non contents d'avoir ainsi déifié Satan, ils le font triompher, par un stratagême, & sous la forme d'un animal, de tout le pouvoir & de toute la sagesse du Tout-puissant. Ils représentent Satan, comme ayant mis le Tout-puissant dans la *nécessité directe*, ou de lui livrer toute la création, de l'abandonner à son gouvernement & à sa souveraineté, ou de capituler pour sa rançon, en descendant sur la terre, en se faisant homme, & en souffrant sur une croix, pour racheter le genre humain.

Si les inventeurs de cette histoire avoient raconté les choses d'une maniere toute opposée, s'ils avoient mis Satan lui-même sur la croix, sous la forme d'un serpent, pour punition de sa nouvelle faute, la chose eût été un peu moins absurde, un peu moins contradictoire. Mais au lieu de cela, ils firent triompher le criminel, & succomber le Tout-puissant.

Que des gens de bien aient cru cette fable; que, dupes de cette erreur, ils aient tenu toute leur vie une conduite édifiante, car la crédulité n'est point un crime; c'est sur quoi je n'éleve pas le moindre doute. Ils furent élevés dans cette opinion, & de la même maniere, ils en eussent adopté, tout aussi facilement, une autre. Il est en outre, beaucoup de braves gens qui ont été pris d'un enthousiasme si grand, pour ce qu'ils concevoient être l'amour infini de Dieu, envers l'homme, amour qui le porta à se sacrifier lui-même pour lui, que cette idée les a entiérement tenus éloignés de tout examen, & les a empêchés de voir l'absurdité & la profanation d'une histoire semblable. Moins une chose est naturelle, plus elle est susceptible de devenir l'objet d'une admiration aveugle & funeste.

De la véritable théologie.

S'il ne faut que des objets qui excitent notre reconnoissance & notre admiration, ne se présentent-ils pas d'eux-mêmes,

à

à toute heure, devant nos yeux? Ne voyons-nous pas autour de nous, la belle création préparée pour nous recevoir, dès l'instant où nous naissons, un monde rempli d'avantages qui ne nous coûtent rien? Est-ce nous qui prenons soin d'allumer le flambeau du jour? Versons-nous les pluies sur nos campagnes? Donnons-nous à la terre ses richesses, sa fécondité? Que nous dormions ou que nous veillions, la machine étonnante de l'univers suit sa marche. Ces choses, & les jouissances qu'elles promettent, ne sont-elles rien pour nous? Nos sentiments les plus forts ne peuvent-ils donc être remués que par des tragédies horribles, par le suicide, ou le sombre orgueil de l'homme est-il devenu insupportable, au point que rien ne puisse l'assouvir, que le sacrifice de celui qui a tout fait?

Je sais que cette recherche hardie allarmera plus d'une personne; mais ce seroit être trop complaisant pour leur crédulité, que de s'arrêter pour cela. Les temps, aussi bien que le sujet, exigent aujourd'hui, que l'on examine à fond ce que l'on a si long-temps révéré, sans se permettre de doute. Le soupçon que la théorie de ce qu'on appelle l'église chrétienne, est fabuleuse, s'est extrêmement répandu dans tous les pays: & c'est maintenant une chose nécessaire, une consolation indispensable, pour les hommes que ce soupçon fait balancer, qui ne ſavent ce qu'ils doivent croire ou rejeter, de voir ce ſujet diſcuté avec liberté. Je paſſe donc à l'examen des livres appellés l'ancien & le nouveau Teſtament.

Examen de l'ancien Teſtament.

Les deux Teſtaments qui forment la loi des Chrétiens, commencent par la Geneſe, & finiſſent par l'Apocalypſe, qui, pour le dire en paſſant, eſt un recueil d'énigmes, & auroit beſoin d'une autre révélation pour qu'on l'entendît. Ces livres ſont, à ce que l'on nous apprend, la parole de Dieu. Il nous convient donc de ſavoir qui nous enſeigne que c'eſt la parole de Dieu; afin que nous voyons la confiance que nous pouvons avoir dans ceux qui nous font un tel rapport. La réponſe à cette queſtion eſt, que perſonne ne peut dire qui l'a fait, & que tout ce que l'on ſait là-deſſus, c'eſt que les uns diſent aux autres, c'eſt la parole de Dieu. Voici cependant l'hiſtorique de cette aſſertion :

Quand les mythologues de l'égliſe établirent leur ſyſtême, ils raſſemblerent tous les écrits qu'ils purent trouver, & ils les arrangerent comme il leur plut. C'eſt une choſe également incertaine pour nous, ſi les écrits qui paſſent aujourd'hui ſous le nom de vieux & de nouveau teſtament, ſont dans le même état que ces compilateurs diſent qu'ils les trouverent, ou bien s'ils y ajouterent, s'ils y corrigerent, s'ils y retrancherent, ou s'ils les ajouterent enſemble. Quoi qu'il en ſoit, ils déciderent à la pluralité des voix leſquels de ces livres, dont ils avoient fait la collection, ſeroient la parole de Dieu, & ceux qui ne le ſeroient pas. Ils en rejeterent pluſieurs; ils prononcerent que d'autres étoient douteux, tels que ceux qu'on appelle *apocryphes* : enfin, ceux-là ſeulement qui eurent la majorité des ſuffrages, furent déclarés être la parole de Dieu. Ces juges en euſſent-ils décidé autrement, tout le peuple qui depuis ſe réunit ſous le nom de Chrétiens, auroit cru autre choſe : car, la foi de ceux-ci n'a point d'autre ſource que la déciſion des premiers.

Quels ſont ceux qui firent tout cela? on l'ignore abſolument. Ils ſe déſignoient ſous le nom collectif d'égliſe; & c'eſt tout ce que nous en ſavons.

Comme nous n'avons point d'autre preuve, d'autre autorité intérieure, pour croire & aſſurer que ces livres ſont la parole de Dieu, que ce que je viens de rapporter, & qui n'eſt pas du tout une preuve, une autorité, je vais maintenant examiner la preuve intime que les livres eux-mêmes pourroient renfermer.

Dans la premiere partie de cet eſſai, j'ai parlé de révélation. Je continue ce ſujet, pour appliquer mes raisonnements aux livres dont il est question.

La révélation est la communication de quelque chose, que la personne à qui elle est révélée, ne connoissoit point auparavant. Car, si j'ai fait une chose, ou si je l'ai vue, il n'est besoin d'aucune révélation, pour me dire que je l'ai faite ou que je l'ai vue, ou pour me mettre à même de la dire ou de l'écrire.

La révélation ne doit donc être applicable à rien qui soit fait ici bas, dont l'homme puisse être l'agent ou le témoin ; &, par conséquent toute la partie de la Bible, qui n'est qu'historique ou d'anecdote (ce qui la compose presqu'en entier) ne peut être comprise sous la dénomination de révélation, & n'est par conséquent pas la parole de Dieu.

Quand Samson fuit avec les portes de Gaza, si jamais il les emporta, ce qui nous est indifférent ; lorsqu'il se rendit auprès de sa Dalila, qu'il accoupla ses renards, ou qu'il fit toute autre fredaine ; la révélation a-t-elle quelque chose à démêler avec tout cela ? Si ce sont des faits, & qu'ils fussent dignes d'être racontés ou écrits, il pouvoit les dire lui-même, ou son secretaire les écrire, au cas qu'il eût un secretaire : au contraire, si ce sont des fictions, la révélation ne peut les rendre vraies ; & qu'elles soient vraies ou fausses, nous n'en sommes ni meilleurs, ni plus sages, pour les connoître. — Quand nous venons à contempler l'immensité de cet être qui dirige & gouverne ce TOUT incompréhensible, dont l'œil le plus pénétrant ne peut découvrir qu'une partie, ne devons-nous pas rougir, d'appeller des contes aussi pitoyables la parole de Dieu ?

Quant à l'histoire de la création, par où commence le livre de la Genese ? elle a toute l'apparence d'une tradition que les Israélites avoient parmi eux, avant leur entrée en Egypte. Après leur départ de ce pays, ils la placerent à la tête de leur histoire, sans dire comment ils en furent instruits, ce qu'il est très-probable qu'ils ignoroient. La maniere dont commence ce récit, prouve qu'il est venu par tradition. Il s'ouvre *ex abrupto*. Il n'y a ni orateur, ni auditoire. Il n'est adressé à qui que ce soit. On n'y trouve ni premiere, ni seconde, ni troisieme personne. Tout démontre que la tradition est sa seule origine. Il n'a aucun garant. Moïse ne le prend pas sur son compte, en le faisant précéder de la formule qu'il emploie en d'autres occasions ; comme lorsqu'il dit : le Seigneur a parlé en ces termes à Moïse, tu diras à mon peuple, &c.

J'ai de la peine à concevoir pourquoi l'on attribue à Moïse cette prétendue histoire de la création. Moïse, je pense, étoit trop bon juge en ces matieres, pour mettre son nom à cette relation. Il avoit été élevé parmi les Egyptiens, peuple aussi éclairé qu'aucun autre de leur temps, dans les sciences, & sur-tout dans l'astronomie ; & le silence, la circonspection dont Moïse fait usage, en ne garantissant point ce récit, peuvent passer pour une excellente preuve négative, qu'il n'en fut point l'auteur, & qu'il ne le croyoit pas. — Tranchons le mot : toutes les nations ont fabriqué le monde à leur fantaisie, & les Israélites avoient ce droit là tout comme les autres peuples. Or, Moïse n'étant point Israélite, il n'étoit pas le maître de contredire la tradition. A tout prendre néanmoins, ce récit n'a rien de dangereux, & c'est plus que l'on ne peut dire de beaucoup d'autres passages de la Bible.

A la lecture des histoires obscenes, des descriptions voluptueuses, des supplices cruels & atroces, de l'implacable vengeance, qui déshonorent plus de la moitié de ce livre, nous serions plus conséquents si nous l'appellions l'ouvrage d'un démon, que la parole de Dieu. C'est un tissu de scélératesses, qui a servi à corrompre le genre humain, qui l'a ravalé à la classe des brutes ; &, pour ce qui me concerne, je le déteste cordialement, comme je déteste tout ce qui porte l'empreinte de la cruauté.

A peine, à l'exception d'un petit nombre de

phrases, trouve-t-on quelque chose qui ne soit digne de mépris ou d'horreur, jusqu'à ce que l'on soit arrivé à la partie des mêlanges. On rencontre dans les livres anonymes, tels que les speaumes, le livre de Job, mais principalement dans ce dernier, beaucoup de sentiments choisis, revêtus d'expressions respectueuses, sur le pouvoir & la bonté du Tout-puissant; mais ces ouvrages ne sont point supérieurs à plusieurs autres, composés sur des sujets semblables, soit avant, soit après.

Les proverbes, qu'on dit être de Salomon, mais qui, suivant toute apparence, sont purement un recueil de pensées de divers auteurs, car ils prouvent une connoissance du monde, à laquelle son rang ne lui donnoit pas d'accès; ces proverbes, dis-je, forment un corps instructif de morale. Du reste, ils sont pour le tour épigrammatique, inférieurs à ceux des Espagnols, & ne sont ni plus sages, ni plus dirigés vers l'économie civile que ceux de Franklin.

Toutes les autres parties de la bible, généralement attribuées aux prophetes, sont l'ouvrage des poëtes Hébreux & des prédicateurs ambulants, qui mêloient ensemble la poésie? les anecdotes & la dévotion; & ces livres, quoique traduits, conservent encore l'air & le style poétiques.

On ne rencontre pas dans toute la bible, un seul mot qui nous rappelle ce que nous nommons un poëte, ou un seul mot qui décrive ce que nous nommons poésie. La raison est, que le mot prophete, auquel les temps postérieurs ont attaché une nouvelle idée, étoit celui qui signifioit poëte dans la bible, & que celui de prophétiser signifioit pratiquer l'art de faire de la poésie. Il vouloit dire encore, l'art de jouer la poésie sur un air, en s'accompagnant d'un instrument de musique.

La bible parle de gens qui prophétisoient au son des flutes, des tambourins & des corps, en s'accompagnant de la harpe, du psaltérion, des cymbales ; en un mot, de tous les instruments qui étoient alors à la mode. Si nous parlions de gens qui se mêlassent de prophétiser au son du violon, ou avec la flute & le tambourin, cette expression n'auroit aucun sens, ou elle paroîtroit ridicule ; attendu que nous avons changé l'acception du mot.

On nous dit que Saül étoit parmi les prophetes; & de plus, qu'il prophétisoit lui-même. Mais on ne nous dit pas en quoi consistoient ces prophéties, ni quel étoit leur objet. On ne nous le dit point, parce qu'il n'y avoit rien à dire à cet égard ; car ces phophetes étoient une compagnie de poëtes & de musiciens. Saül se joignit à leur concert, & voilà ce qu'on appelloit prophétiser.

Il est dit à ce sujet, dans le premier livre des rois, que Saül rencontra une bande de prophetes

(une bande toute composée de prophetes !) qui descendoient avec un psaltérion, un tambourin, une flute & une harpe ; que ces gens prophétisoient, & qu'il se mit à prophétiser avec eux. Mais il paroît par ce qui vient ensuite, que Saül prophétisa mal ; c'est-à-dire, qu'il fit mal sa partie ; car il est dit que Dieu lui envoya un mauvais esprit & qu'il prophétisa.

Maintenant, n'y eût-il dans toute la bible que ce seul passage, pour nous démontrer que nous avons perdu l'acception originale du mot prophétie, & que nous y en avons substitué une autre, celui-là suffiroit. Car il est impossible d'appliquer le mot prophétie comme il est employé dans ce passage, si nous lui donnons le sens que les siecles postérieurs y ont attaché. La maniere dont il est employé ici le dépouille de toute idée religieuse, & montre qu'alors un homme pouvoit être prophete, ou prophétiser, comme il peut être aujourd'hui poëte ou musicien, sans aucun rapport avec la moralité ou l'immoralité de son personnage. Ce mot étoit dans l'origine, un terme technique, appliqué indistinctement à la musique & à la poésie, & qui n'étoit point restreint à ce sujet particulier, sur lequel l'un ou l'autre pouvoit s'exercer.

Debora & Barach sont appellés prophetes, non qu'ils énonçassent aucune prédiction, mais parce qu'ils composerent le chant qui porte leur nom, en l'honneur d'un fait passé. David est rangé parmi les prophetes, attendu qu'il étoit musicien, & qu'il étoit regardé (quoique peut-être fort mal à propos) comme l'auteur des pseaumes. Mais Abraham, Isaac & Jacob ne sont point appellés prophetes. Nous ne voyons point dans tout ce que l'on a écrit sur leur compte; qu'ils sussent chanter, jouer des instruments ou faire de la poésie.

On nous parle de grands & de petits prophetes. On pourroit tout aussi bien parler d'un grand Dieu & d'un petit Dieu; car il ne sauroit y avoir de degrés dans l'art de prophétiser, pris dans le sens moderne. Mais il y a des degrés en poésie; ainsi la phrase s'ajuste bien avec le fait, lorsque nous entendons des poëtes d'un ordre plus ou moins relevé.

Il est parfaitement inutile, après cela, de présenter des observations sur ce que ces hommes, appellés prophetes, ont écrit. C'est mettre la hâche à la racine, que de faire voir que l'on s'est mépris sur le vrai sens du mot; conséquemment toutes les inductions que l'on a tirées de ces livres, la vénération dévotieuse dont ils ont été l'objet, & les commentaires étudiés qu'on leur a joints, d'après cette fausse idée, ne sont pas dignes que l'on s'en occupe. Sous plusieurs rapports, néanmoins, les écrits des poëtes Hébreux méritent un meilleur ſort que celui qu'ils éprouvent, d'être aſſociés au miſérable fatras qui les accompagne, ſous le nom abuſif de parole de Dieu.

Si nous nous permettons de concevoir des idées juſtes des choſes, nous devons néceſſairement attacher l'idée, non-ſeulement d'immutabilité, mais d'impoſſibilité abſolue de changement, quelques moyens qu'on employe ou quelque choſe qui arrive, à ce que nous honorerons du titre auguſte de parole divine; ainſi, la parole de Dieu ne ſauroit exiſter dans aucun langage écrit ou humain.

La bible l'emportât-elle pour la pureté des idées & des expreſſions, ſur tous les livres qui exiſtent aujourd'hui dans le monde, je ne la prendrois pas pour regle de ma foi, comme étant la parole de Dieu, parce qu'il ſeroit toujours poſſible que l'on m'en impoſât; mais lorſque je vois à peine dans la majeure partie de ce livre autre choſe que l'hiſtoire des vices les plus groſſiers, & un recueil des contes les plus mépriſables, je ne puis déshonorer mon créateur en lui proſtituant ſon nom.

Du Nouveau Teſtament.

En voilà aſſez ſur la bible. Paſſons au livre appellé le nouveau teſtament. Le nouveau teſtament! c'eſt-à-dire la nouvelle volonté, comme s'il pouvoit y avoir deux volontés divines,

Si l'intention de Jesus-Christ avoit été d'établir une religion nouvelle, il en auroit sans doute tracé le système de sa propre main, ou bien il l'auroit fait écrire de son vivant. Or, il n'existe point de production à laquelle son nom assure de l'authencité. Tous les livres compris sous le titre de nouveau testament, furent composés après sa mort. Il fut Juif de naissance & d'état ; & fut le fils de Dieu dans le même sens que les autres hommes, car le créateur est le pere universel.

Les quatre premiers livres attribués à Matthieu, Marc, Luc & Jean, ne présentent point l'histoire de la vie de Jesus ; ils renferment seulement quelques anecdotes dont il est le héros. Ces livres prouvent que le temps de sa prédication ne s'étendit pas au-delà de dix-huit mois ; & ce fut uniquement pendant ce court espace que ces biographes firent connoissance avec lui. Ils font mention de son enfance ; ils le montrent à l'âge de douze ans, assis parmi les docteurs juifs, faisant des questions & répondant aux leurs. Comme ce prétendu fait, eut lieu bien avant qu'ils fussent liés avec lui, il est très-probale qu'ils apprirent cette anecdote de ses parents. Depuis cette époque, on ne sait ce qu'il devient pendant environ seize ans. L'on ignore où il vécut, & à quoi il s'occupa durant cet intervalle. Très-probablement il suivit la profession de son pere, c'est-à-dire l'état de charpentier. Il ne paroît pas qu'il ait reçu d'éducation ſcholaſtique ; & tout porte à croire qu'il ne ſavoit pas écrire, car ſes parents étoient extrêmement pauvres, ſi l'on en juge par l'impoſſibilité où ils ſe trouverent de payer un gîte au moment de ſa naiſſance.

Il eſt aſſez curieux de voir que les trois hommes de qui les noms ont la célébrité la plus univerſelle, naquirent de familles très-obſcures. Moïſe fut un enfant-trouvé, Jeſus-Chriſt reçut le jour dans une étable & Mahomet fut un muletier. Le premier & le troiſieme fonderent des ſyſtêmes religieux, différents l'un de l'autre ; mais Jeſus ne fonda point de nouveau ſyſtême. Il exhorta les hommes à la pratique des vertus morales & à la croyance d'un ſeul Dieu. Le trait principal qui le diſtingue eſt la philantropie.

La maniere dont on s'empara de ſa perſonne, fait voir qu'il n'étoit pas fort connu pour lors ; elle montre auſſi, que les conférences qu'il tenoit avec ſes diſciples étoient ſecretes, & qu'il avoit renoncé à prêcher en public, ou du moins qu'il avoit interrompu cet uſage. Judas ne put le trahir qu'en découvrant où il étoit, & en le déſignant aux ſoldats qui vinrent pour l'arrêter. Et peut-être ne fallut-il employer & payer Judas pour cet objet, que par cette même raiſon, déja alléguée ; ſavoir, qu'il étoit peu connu, & qu'il vivoit dans l'obſcurité.

Non-seulement l'idée de cette obscurité cadre fort mal avec sa divinité prétendue, mais elle semble emporter avec elle une teinte de pusillanimité, & le malheur qu'il eut d'être trahi, ou en d'autres termes, d'être arrêté sur la dénonciation de l'un de ses disciples, prouve qu'il n'avoit pas l'intention de se laisser prendre ; & par conséquent, qu'il n'avoit pas celle d'être crucifié.

Les mythologues chrétiens nous disent, que le Christ mourut pour les péchés du monde, & qu'il descendit sur la terre avec le projet de mourir. N'en auroit-il pas été de même s'il fût mort de la fievre ou de la petite vérole, de vieillesse ou de toute autre chose ?

La sentence qui, suivant eux, fut portée contre Adam, supposé qu'il mangeât du fruit défendu, ne fut point qu'il seroit surement crucifié ; mais qu'il mourroit inévitablement. La mort seule, & non le genre de mort, fut énoncée dans cet arrêt. Ainsi, le crucifiement ou toute autre maniere d'expirer, ne faisoit point partie de la punition qu'Adam devoit subir ; par conséquent, même d'après leur propre tactique, il ne pouvoit faire partie du châtiment que devoit souffrir J. C. à la place d'Adam. La fievre auroit tout autant valu que la croix, s'il avoit été besoin de l'une ou de l'autre.

Cet arrêt de mort qui, à les entendre, fut

prononcé contre Adam, doit s'entendre ou de la mort naturelle, c'est-à-dire, de la cessation de la vie, ou de ce que ces mythologues appellent damnation. Par conséquent, la mort volontaire de J. C. auroit dû, suivant leur systême, garantir notre premier pere & nous, de une de ces deux choses.

Il est évident qu'elle ne nous a pas empêchés de mourir, car nous mourrons tous tant que nous sommes; & si ce qu'ils disent de la longévité des patriarches est véritable, les hommes meurent plus promptement depuis que Jesus a péri sur la croix. A l'égard de la seconde explication, qui présente la mort naturelle de Jesus comme une métaphore, pour signifier la mort éternelle & la damnation du genre humain, elle représente fort insolemment le créateur, comme revenant sur ses pas, & révoquant sa sentence, à l'aide d'un misérable jeu de mots. Ce grand faiseur d'équivoques, Paul, s'il fut auteur des livres qui portent son nom, est venu à l'appui de cette équivoque, en faisant une autre pointe sur le mot Adam. Il suppose deux Adams, l'un qui péche dans le fait & qui souffre par procuration; l'autre qui péche par procuration & qui souffre dans la réalité. Une religion ainsi entrelardée de jeux de mots, de subterfuges & de pointes, tend à instruire ceux qui la professent dans la pratique de ces arts. Ils en acquierent l'habitude sans savoir à qui ils en sont redevables.

Si Jeſus-Chriſt fut ce que nous diſent ces mythologues, & s'il vint ici bas pour ſouffrir, mot dont ils ſe ſervent quelquefois au lieu du mot mourir, la ſeule ſouffrance réelle qu'il auroit pu endurer étoit celle de vivre. Son exiſtence ſur la terre étoit un état d'exil ou de déportation, & la mort étoit le ſeul moyen qu'il eût de retourner à ſa patrie originaire. Enfin dans cet étrange ſyſtême, chaque choſe eſt l'oppoſé de ce qu'elle ſemble devoir être. Par-tout c'eſt le contraire de la vérité, & je ſuis ſi las d'examiner les inconſéquences & les abſurdités dont il fourmille, que je me hâte d'en finir pour paſſer à quelque choſe de meilleur.

Combien de parties, ou quelles parties des livres compris ſous le titre de nouveau teſtament, ſont l'ouvrage de ceux de qui elles portent les noms? C'eſt ce que nous ignorons complettement; nous ne ſavons pas mieux dans quelle langue ils furent originairement compoſés. Les choſes qu'ils renferment peuvent être rangées ſous deux chefs; les anecdotes & la correſpondance épiſtolaire.

Les quatre livres dont il a déja été fait mention, l'évangile de Matthieu, de Marc, de Luc & de Jean, ſont entierement anecdotiques. Ils rapportent des événements paſſés, ils racontent ce que Jeſus a fait & dit, & ce que les autres lui ont fait ou lui ont dit, & dans pluſieurs occaſions ils racontent différemment la même choſe. La

révélation

TABLEAU
FRAPPANT.

LORSQUE vous serez entrés dans le monde, ô mes neveux! lorsque l'âge vous aura assigné un rang parmi les citoyens, & que votre ame épanouie par degré aux rayons de la raison, commencera à goûter les denx charmes de la liberté; vous imaginerez-vous jamais que je nâquis esclave? & que, par l'effet d'une révolution inespérée, & crue jusqu'ici impossible, je serai mort libre & dégagé de mes fers? Non, sans doute. Comme le commun des hommes juge ordinairement du passé par le présent, vous croirez bonnement que la Constitntion, ce dépôt sacré de votre bonheur, aura été l'œuvre lente & réfléchie des vertueux Gaulois, progressivement corrigée de génération en génération.

Vous ne trouverez plus rien qui vous rappelle les malheurs de vos peres: les antiques monuments du despotisme ne seront plus: cette terre si long-temps opprimée n'offrira déja plus, sur sa surface, l'empreinte de nos larmes, ni les vestiges de notre servitude.

Tout sera régénéré ; tout aura repris de l'énergie ; les mœurs commenceront à s'épurer ; la foi sera plus sincere : une étroite fraternité aura uni, & pour ainsi dire, identifié tous les Français : l'équité aura concilié tous les intérêts ; une heureuse égalité aura associé tous les citoyens dans une seule & même classe : l'artisan ne rougira plus de sa malheureuse condition ; le laboureur, honoré autant que soulagé, ne craindra plus de voir dévorer, par mille déprédateurs, le précieux fruit de ses sueurs, il redoublera d'activité, pour enrichir un état qui lui sera devenu d'autant plus cher, qu'il lui étoit jadis indifférent ; l'opprobre ne sera plus le partage du pauvre ; le riche ne pourra plus acheter un nom & des honneurs au poids de son or : le glaive des loix les frappera tous deux sans distinction : enfin, il ne restera plus de différence entre vos freres & vous, que celle du mérite & de la vertu.

A la vue d'un si bel ordre & d'une harmonie si parfaite, comment pourrez-vous penser, ô mes neveux, qu'il fut un temps peu éloigné de vous, où la société ne présenteroit par-tout qu'un tableau & des exemples effrayants de tyrannie & d'esclavage, & qu'une longue suite de désordres !

Vous n'aurez pas vu comme moi, le regne & le terme de tant de miseres ; & si jamais le desir de les connoître vous fait ouvrir & parcourir les Annales de la France, les anciens abus que vous y retrouverez retracés, vous paroîtront immenses & innombrables. A peine oserez-vous les croire.

D'abord, quelle idée pourrez-vous jamais vous faire de cette inégalité civile & politique, qui, avant la révolution, distinguoit tous les Français en trois classes, dont la plus nombreuse, & certainement le plus nécessaire, étoit la plus méprisée (1).

Ah ! je frémis & j'entre dans une secrette horreur, toutes les fois que mon imagination active reproduit le passé à ma mémoire.

Puis-je me rappeller, de sang-froid, cette nuée de ministres pervers ; cette foule d'édits bursaux ; cette grêle d'ordres despotiques ; d'actes de

(1) C'est ainsi qu'il dut venir un temps où les yeux du peuple furent fascinés à un tel point, que ses conducteurs n'avoient qu'à dire au plus petit des hommes : Sois grand, toi & ta race ; aussi-tôt il paroissoit grand à tout le monde, ainsi qu'à ses propres yeux, & ses descendants s'élevoient encore à mesure qu'ils s'éloignoient de lui ; plus la cause étoit reculée & incertaine ; plus l'effet augmentoit ; plus on pouvoit compter de fainéants dans une famille, & plus elle devenoit illustre.

J. J. Rousseau.

violence, que l'ambition, l'intrigue & la flatterie déchaînées contre nous, engendroient pour fouler les peuples? Chaque lustre, chaque année voyoit éclorre de nouveaux impôts, ou plutôt un nouveau mode de vexation; & tous les arrêts qui canonisoient tant de forfaits, n'étoient que les effets de l'agiotage ministériel. Du moins, si ces contributions exorbitantes eussent été réparties également sur les différents ordres de l'état! Mais non, on s'attachoit à surcharger le peuple pour épargner l'opulent privilégié; & pour surcroit d'infortune, de tous les tributs qu'on arrachoit à sa misere, il n'en tournoit qu'une foible portion à l'utilité publique. L'immense surplus étoit diverti & consacré, sans pitié, au luxe & à l'aggrandissement de certaines familles qui n'avoient pour tout mérite que l'avantage d'approcher du monarque (2). *Pauvre peuple!*

Qui n'auroit pas été scandalisé du trafic continuel que faisoit l'église de ce qu'il y avoit de plus sacré! c'étoit par-tout un pasteur déja riche du bien des pauvres, qui exerçoit encore sur ses

---

(2) Les rois ont des hommes comme des pieces de monnoie: ils les font valoir ce qu'ils veulent, & l'on est forcé de les recevoir selon leur cours, & non selon leur véritable prix.

Max. du duc de la Rochef.

ouailles, un brigandage que le vulgaire avoit la foiblesse de croire légitime. *Pauvre peuple !*

Avoit-on à nommer à quelqu'évêché ? un prélat Sardanapale l'achetoit du prince par le plus vil commerce.

Une cure, une place quelconque vacquoit-elle ? on la donnoit à la naissance & à la faveur, & rarement à la vertu. *Pauvre peuple !*

Ici c'étoit un intendant, autre souverain de province, qui, pour protéger son despotisme subalterne, & pour favoriser ses déprédations particulieres sur les déprédations générales, conservoit dans chaque ville, une créature à ses ordres, qui, s'illustrant encore par d'autres vexations, s'affidoit à son tour, des commissaires autres vexateurs. *Pauvre peuple !*

Là, étoient des directeurs de domaines, autre vampires, qui, de la part d'une douzaine de vice-rois célebres dans la capitale, par leurs seules débauches, dispersoient eux-mêmes, dans chaque contrée, une centaine de petits tyrans appellés contrôleurs. *Pauvre peuple !*

Ici, la gabelle ourdissoit ses trâmes sous l'inspection d'un agent toujours avide ; là, les aides, leurs complots ; ici c'étoit des barrieres opposées au commerce ; là, les campagnes étoient hérissées d'alguasils, plus coquins cent fois que les fraudeurs qu'ils étoient chargés de surveiller ! les provinces circonſcrites d'une horde de ces fainéants formoient, pour ainſi dire autant de petits états particuliers ; en ſorte que le Franc-Comtois ne pouvoit communiquer que difficilement avec le Bourguignon, celui-ci avec le Champenois, ainſi des autres. *Pauvre peuple !*

Ici, s'élevoit l'antre où la juſtice rendoit lentement ſes oracles en faveur du crédit & non du bon droit. Là, étoit le repaire de ces ſuppôts de chicane, qui s'enrichiſſoient à petit feu, des dépouilles du malheureux. *Pauvre peuple !*

D'un côté, c'étoit un ſeigneur qui gageoit, à grands frais, une juſtice dont les organes lui étoient vendus, pour tourmenter ſes vaſſaux. De l'autre, c'étoit un chapitre qui ſe rendoit en horreur à tout un canton dont il étoit le fléau. *Pauvre peuple !*

Ici, c'étoit la flétriſſente main-morte ; là, une dîme arbitraire ; plus loin, d'indignes corvées ; ici, de gênantes bannalités ; là, d'odieux grabadis ; enfin de quelque côté qu'on tournât ſes pas ou ſes regards, on ne voyoit que déſordre, qu'oppreſſeurs & opprimés : tout ce que la ſuperſtition, l'ignorance, le fanatiſme, la flatterie, le menſonge, l'audace, la trahiſon, la force & l'intérêt unis avoient pu imaginer de plus terrible & de plus aviliſſant, on le voyoit mettre en uſage par un petit nombre de perſécuteurs attachés à crucifier la multitude.

Pauvre peuple ! Que je t'ai plaint ſincérement ; il étoit temps que tu ſecouaſſes le joug, il étoit juſte que tu reconquiſſes ta liberté (3), ce tréſor ſacré dont on ne pouvoit le dépouiller ſans crime.

En jettant les yeux avec un peu d'attention & de recueillement ſur l'eſquiſſe que je viens d'ébaucher, ô mes neveux, pourrez-vous calculer nos miſeres & nos calamités paſſées ? je puis vous aſſurer qu'elles étoient à leur comble, quand le ciel qui voit la ſervitude avec horreur, a ſuſcité nos bras, & fait de nous autant de vengeurs de ſa cauſe & de la cauſe commune. Tout-à-coup la foudre éclate ; le voile ſe déchire ; la ſcene change ; la liberté jette un cri, & ce cri ſe fait entendre ſur tous les rivages Français, le bandeau tombe de tous les yeux, la patrie reſſuſcite, ſon ſein ſe couvre de ſoldats citoyens, la Baſtille s'écroule, & de ſa cendre l'aréopage renaît,

(3) Renoncer à ſa liberté, c'eſt renoncer à ſa qualité d'homme, aux droits de l'humanité, même à ſes devoirs. Il n'y a nul dédommagement poſſible pour quiconque renonce à tout. Une telle renonciation eſt incompatible avec la nature de l'homme, & c'eſt ôter toute moralité à ſes actions, que d'ôter toute liberté à ſa volonté. Enfin, c'eſt une convention vaine & contradictoire de ſtipuler, d'une part, une autorité abſolue, & de l'autre une obéiſſance ſans bornes.

Cont. Soc. l. 1, *ch.* 4.

l'oracle parle, & bientôt l'homme reprend la majesté de son être & tous ses droits.

Les ordres & les distinctions s'éteignent, ou plutôt vont se confondre dans une même source ; tous les Français s'allient au nom de la patrie & de la liberté, & font le serment d'être unis pour les défendre ensemble.

Tout rentre dans l'ordre naturel & légitime.

La fille de l'inquisition, l'aveugle & fanatique intolérance dégradoit jusqu'au nom du chrétien, & tendoit à la dissolution du corps social ; mais on la proscrit pour la gloire de Dieu & pour le repos de l'humanité.

Des asyles destructeurs, tristes monuments du fanatisme & d'une mauvaise politique, des chapitres, des monasteres, des couvents fermés aux pauvres, ouverts aux grands, dévoroient de siecle en siecle, la plus saine partie des richesses & des soutiens de l'état ; la loi parle, & soudain les cloîtres désertés, restituent à la société, les restes de leurs larcins, pour ne lui en plus faire (4).

(4) Dieu a dit à l'homme de vivre en société : il lui a donné une compagne pour multiplier : il n'est jamais entré dans sa justice de lui recommander l'égoïsme, en lui prescrivant de s'enterrer vivant. L'expérience a enfin démontré que ces prétendus lieux de paix n'étoient que des prisons funestes & tumultueuses.

Un clergé nombreux tiroit ſon opulence, ſon orgueil, & l'on peut dire ſon ridicule, de la poſſeſſion injuſte d'immenſes richeſſes, dont il n'auroit dû ſe regarder que comme l'économiſte & le diſpenſateur en faveur des pauvres. Ces richeſſes retournent à la nation, qui, par un double acte de juſtice, ſe charge des pauvres.

L'égalité triomphe ; le laboureur remonte au premier rang de l'état ; le ſoldat avili recouvre ſon énergie ; enfin, tout cede à l'honneur d'être citoyen.

Tout change de face, tout étoit fief & ſeigneurie, tout devient roture ; l'édifice féodal s'écroule, plus de bannalités, plus de dîmes eccléſiaſtiques, plus de main-morte, plus de grabadis, plus de droit de retenue, plus de retrait cenſitif, plus de portion colonique, &c.

Une adminiſtration vicieuſe faiſoit gémir le peuple : on l'anéantit ; plus de provinces, plus de généralités, plus de gouverneurs, plus de commandants, plus d'intendants, plus de commiſſaires, plus de ſubdélégués, plus de fermiers-généraux, plus de directeurs, plus d'agent & plus d'employés dans l'intérieur de l'état. Le ſoulagement de ce peuple exige un nouveau plan ; les départements & les diſtricts s'élevent, & les citoyens ont l'honneur d'en nommer les membres.

Les campagnes à la fois opprimées & négligées demandoient des protecteurs, des surveillants particuliers ; les municipalités paroissent.

Des ministres pernicieux disposoient, en maîtres, du souverain pouvoir & du trésor national, on leur impose la loi de la responsabilité.

Des penssions excessives pesoient sur la nation, on les restraint avec sagesse & modération.

Une justice onéreuse se faisoit sentir par-tout, on la frappe jusques dans son principe. Plus de parlement, plus de sénéchaussées, plus de bailliages.

Un fat achetoit le droit de décider impunément de la fortune & souvent de l'honneur des particuliers ; un autre, le droit de les tromper ; un autre, enfin, le droit de les fripponner ; mais subitement la vénalité d'offices reçoit le prix de ses bienfaits. Plus de présidents, plus de conseillers, plus de procureurs. On voit naître de nouveaux tribunaux, la confiance & le mérite y appellent des citoyens integres & incorruptibles, & pour comble de faveur, on place dans le sein des campagnes un siege de conciliation qui devient comme l'écueil où les efforts de la cupidité & de la chicane viennent se briser & s'évanouir ; ce juge de paix, ces assesseurs qu'on établit près du cultivateur, sont autant de mentors, de confidents, de consolateurs & de juges qu'il se donne à lui-même.

L'application des peines prononcées par les loix

criminelles, flétrissoit l'humanité ; elles sont aussi-tôt refondues & reparoissent sous de plus favorables auspices.

Un dédale de coutumes barbares & contradictoires montroit de toutes parts la bigararure & la disparité, on les abroge sans exception.

Un fatras de loix civiles en grande partie obscures & problématiques, faisoit le tourment des juges & des clients, la sagesse, les extrait avec discernement, pour en former un code neuf.

On empêchoit l'homme de génie d'enrichir sa patrie & son siecle de ses rares productions ; mais bientôt on décrete la liberté de la presse (5).

Les citoyens abusés dédaignoient l'honneur de servir, de défendre la patrie en personne, ils rougissent à ce moment d'avoir trop long-temps confiéce soin à des mercenaires, souvent étrangers (6).

---

(5) Quelles sortes de vexations n'a pas éprouvées le précepteur, à bien des titres, de tout le genre humain, l'apôtre de la liberté.

J. J. Rousseau.

(6) Tout homme doit être soldat pour la défense de sa liberté ; nul ne doit l'être pour envahir celle d'autrui ; & mourir en servant son pays, est un emploi trop beau pour le confier à des mercenaires.

J. J. Rousseau.

Si-tôt que le service public cesse d'être la principale affaire des citoyens, & qu'ils aiment mieux servir de leur bourse que de leur personne, l'état est déja près de

Les armées asservies à des usages contraires aux loix de l'égalité, demandoient une réforme & des réglements nouveaux : on les décrete, & bientôt la perspective des honneurs ouverte à tous les militaires, cesse d'être l'appanage de la naissance, & les récompenses deviennent le prix du courage, des hauts faits, du mérite & de l'expérience.

Une fausse & frêle éducation nourrissoit en nous le goût des petites choses, énervoit nos ames, & sembloit nous disposer, dès le berceau, à porter des fers : elle est rejetée & remplacée par un cours d'éducation national, par un précis d'instruction mâle & vigoureuse,

---

sa ruine. Faut-il aller au conseil, ils nomment des députés & restent chez eux... Donnez de l'argent, & bientôt vous aurez des fers.... Dans un état vraiment libre, les citoyens font tout avec leurs bras, & rien avec de l'argent : loin de payer pour s'exempter de leurs devoirs, ils paieront pour les remplir eux-mêmes..... Mieux l'état est constitué, plus les affaires publiques l'emportent sur les privées dans l'esprit des citoyens.... Dans une citée bien conduite, chacun vole aux assemblées : sous un mauvais gouvernement, nul n'aime à faire un pas pour s'y rendre.... Les bonnes loix en font faire de meilleures, les mauvaises en amenent de pires. Si-tôt que quelqu'un dit des affaires de l'état, *que m'importe* ; on doit compter que l'état est perdu.

Cont. Soc. l. 3, ch. 15.

où les droits de l'homme & les devoirs du citoyen, posés en précepte, feront éclorre enfin dans nos enfants le vrai patriotisme, le germe des vertus & ce noble enthousiasme pour la liberté (7). Enfin, que d'abus & de préjugés n'a-t-on pas anéantis! Quelle somme d'avantages leur succede!

Vous voyez, ô mes neveux, qu'une si heureuse révolution a pris source dans l'excès de nos maux, & dans la sagesse de nos législateurs.

---

(7) Ce sont les institutions nationales qui forment le génie, le caractere, les goûts & les mœurs d'un peuple, qui le font être lui & non pas un autre, qui lui inspirent cet ardent amour de la patrie, fondé sur des habitudes impossibles à déraciner, qui le font mourir d'ennui chez les autres peuples, au sein des délices, dont il est privé dans son pays.... C'est l'éducation qui doit donner aux ames la forme nationale, & diriger tellement leurs opinions & leurs goûts, qu'elles soient patriotes par inclination, par passion, par nécessité. Un enfant, en ouvrant les yeux, doit voir sa patrie, & jusqu'à la mort ne doit plus voir qu'elle.

Je veux qu'en apprenant à lire, il lise des choses de son pays, qu'à dix ans il en connoisse toutes les productions; à douze, toutes les provinces, tous les chemins, toutes les communes qu'à quinze ans il en sache toute l'histoire; à seize toutes les loix; qu'il n'y ait pas eu dans son pays une belle action, ni un homme illustre, dont il n'ait la mémoire & le cœur pleins, & dont il ne puisse rendre compte à l'instant.

J. J. Rousseau.

Sans eux, oui, ſans la Convention nationale, la France étoit perdue. Ses enfants même ſe ſeroient peut-être armés, les uns contre les autres, pour déchirer ſon ſein, & ſes voiſins prompts à ſaiſir l'occaſion de l'aſſervir, auroient fondu ſur elle de toutes parts, & ſe ſeroient diſputés l'honneur de lui donner des fers.

Telle étoit la malheureuſe détreſſe de notre patrie, que nous ne pouvions la ſauver ſans un ſecours ſpécial du ciel ; auſſi qui peut diſconvenir que la puiſſance divine n'ait beaucoup influé & n'influe encore chaque jour dans la révolution ? tout le prouve évidemment : les campagnes riantes & couvertes de richeſſes; les méchants confondus ; les accapareurs déconcertés ; les grands humiliés ; les humbles comblés de biens & de gloire.

Quelle faveur, grand Dieu ! Ce ſont-là de tes coups. Qui pourroit s'y tromper ? C'eſt toi, dont la bonté infinie a pris ſoin de préparer notre régénération : tu as commandé au génie & à la vertu d'y travailler de concert, & nous avons obéi à tes ordres ſacrés : en leur obéiſſant, tel eſt ton aſcendant, ils parlent en ton nom, & bientôt le ſuccès répond à la dignité de l'entrepriſe ; déja le luxe fuit ; l'orgueil & l'ambition, ces deux monſtres ennemis de la paix, vont ſe reléguer & ſe conſumer en efforts impuiſſants dans les antres du nord & du levant. L'émulation, les arts & le commerce ſe réveillent, l'agriculture protégée s'encourage, & ſe porte au plus haut degré de perfection. L'abondance renaît & ſe reproduit ſous toutes les formes & ſous tous les aſpects poſſibles : tout fermente ; tout s'enchaîne, ſe lie & ſe correſpond, ſans ſe confondre, par mille & mille rapports néceſſaires ; en un mot, tout ſe régenere & ſe change en bien.

Si la conſtitution offre de toutes parts l'image & la lueur du bonheur, que n'avez-vous pas lieu d'en attendre, ô mes neveux, lorſqu'elle aura triomphé du temps & des préjugés, lorſqu'arrivée juſqu'à vous, elle aura pris toute ſa force & ſa ſolidité? Elevés & nourris dans ſes principes, vous n'aurez tous, vos freres & vous, qu'un ſeul & même intérêt, celui de la reſpecter & de la défendre, vous ſerez inſtruits des devoirs du citoyen, vous ne craindrez plus, comme de nos jours, un clergé dangereux, fanatiquement attaché à ſes anciennes erreurs (8).

---

(8) Vous, miniſtres, donnez-vous moins de peine pour m'inſtruire de tant de choſes inutiles. Laiſſez-là tous ces livres ſavants qui ne ſavent ni me convaincre, ni me toucher. Proſternez-vous aux pieds de ce Dieu de miſéricorde, que vous vous chargez de me faire connoître & aimer; demandez-lui pour vous cette humilité profonde. N'étalez plus à mes yeux cette ſcience orgueilleuſe, ni ce faſte indécent qui vous déshonorent & qui me révoltent.

J. J. Rouſſeau.

O mes descendants ! Comment poursuivre ? La plume m'échape : cependant je desire & je redoute de vous faire connoître combien a été criminelle la résistance que ces rebelles ont fait à la loi, & combien on a bien fait de ne pas écouter leurs réclamations.

N'espérez pas, ô mes neveux, trouver ici le raisonnement sciencifique d'un théologien, je ne le fus jamais, & ne veux jamais l'être : j'aime trop mon prochain : j'ai fait l'expérience qu'une partie d'entr'eux sont égoïstes, & par conséquent ennemis du lien social. Je me bornerai tout bonnement, pour combattre les refus des ecclésiastiques rebelles, à suivre l'impulsion de ma raison.

Je me contenterai, ô mes neveux, de relever les principales plaintes du clergé ; il sera facile, si je puis vous les exposer dans un grand jour, de vous en faire voir l'injustice & l'inutilité.

D'abord, a-t-on raison de se plaindre de voir passer les biens du clergé dans les mains de la Nation ? Je ne le pense pas, il ne faut pas être grand docteur pour faire tomber ce reproche.

Ne pourroit-on pas répondre que la société, en s'emparant des biens des ecclésiastiques, a autant de soucis & d'inquiétude de leur salut, qu'ils en eurent eux-mêmes de celui de nos peres qu'ils dépouilloient au nom de Dieu & des pauvres, & qu'elle leur ôte ces biens, comme ils les leur

avoient

avoient ôtés, parce qu'ils devenoient, entre leurs mains, des sujets de scandale pour elle, & pour eux, des moyens d'offenser Dieu. Dès que cette société s'impose les frais du culte divin & des pauvres, qui lui disputera les droits de reprendre des possessions qu'elle n'avoit dispersées que pour leur entretien commun? Où sont donc les titres du clergé, pour jouir de tant de biens? Osera-t-il se prévaloir de la prescription? On ne prescrit pas contre le droit, sur-tout lorsqu'il est celui de tout un peuple; d'ailleurs, remontons à l'origine du sacerdoce, voyons si Dieu prescrivit à ses premiers prêtres le desir ou le mépris des richesses; écoutons-le parler lui-même au grand prêtre Aaron & aux Lévites : je suis votre seul bien & votre unique héritage; n'en recherchez aucun autre dans le milieu de mon peuple. Ouvrons l'Evangile, parcourons ce divin livre, le seul nécessaire à un chrétien & le plus utile de tous, à quiconque même ne le seroit pas, selon Rousseau! Y trouvera-t-on une seule maxime qui inspire à ses apôtres la soif des biens terrestres? Le Sauveur n'y recommande-t-il pas, d'un bout à l'autre, de n'amasser aucun trésor sur la terre, mais dans le ciel, en répétant sans cesse que son royaume n'étoit pas de ce monde.

Avant de nous prêcher le néant des richesses & des grandeurs humaines, nos ecclésiastiques n'auroient-ils pas dû renoncer aux grands biens qu'ils amassoient injustement, & nous donner l'exemple d'une profonde humilité? Quelle contradiction n'appercevoit-on pas dans leur doctrine & dans leur conduite! Ils nous exhortoient sans cesse à mépriser nos biens, & gardoient les leurs; il en étoit de même du luxe. Qu'on me dise pourquoi, avant la révolution, on aimoit autant faire un prêtre qu'un procureur? c'est qu'on étoit assuré que l'un ou l'autre enrichiroit sa famille du patrimoine des pauvres. Quel moment plus favorable que celui-là pour adresser aux ecclésiastiques les sentences que Jésus adressoit aux prêtres Juifs. Malheur à vous, Pharisiens hypocrites, qui dépouillez la vertueuse veuve, qui décimez jusqu'aux plantes médicinales, & qui convoitez par-tout les honneurs; attendez-vous d'être jugés avec sévérité au jugement de Dieu (9).

Il ne suffit pas d'avoir prouvé que les biens du clergé n'étoient pas dans leur place, étant dans ses mains: il faut encore démontrer qu'en admettant sa possession légitime, la loi qui les fait passer à la Nation, émane de la plus exacte justice.

Qu'est-ce que la Nation? Ce sont tous les ci-

(9) Je réfute du moins les ecclésiastiques par de bonnes armes... par les leurs. Que fais-je, s'ils auront le front d'accuser mes citations d'infidélité? Je les y nvite: ils ajouteront à la bonne opinion que j'ai conçue d'eux.

toyens collectivement pris, c'est la volonté générale, & le pouvoir suprême. Qu'est-ce que la Loi? C'est l'expression, le vœu, l'ordre de cette même volonté; enfin, c'est le souverain de toutes les autorités constituées qui reçoivent d'elle leur puissance sur le corps entier de la Nation (10). Ainsi, quand cette loi a prononcé un oracle, la volonté particuliere doit céder & obéir; ainsi, quand elle a décrété en faveur du peuple la retraite des biens ecclésiastiques, le clergé ne peut se plaindre, sans aller lui-même contre sa propre volonté identifiée dans la volonté générale : car tout clergé qu'il soit, il ne peut faire (11) dans l'état un corps divisé de l'état; il seroit bien singulier qu'il puisse se soustraire au pacte social, lorsqu'il est contraire à ses intérêts, ou l'invoquerà son secours, lorsqu'il lui est favorable; c'est une absurdité que ses membres sentent mieux que moi. A quoi servira d'opposer que les dispensateurs des biens du clergé n'avoient point l'intention de donner à la Nation, mais à l'église; que s'ils eus-

---

(10) Il n'y aura jamais de bonne & solide constitution, que celle où la loi régnera sur les cœurs des citoyens : tant que la force législative n'ira pas jusques-là, les loix seront toujours éludées.

J. J. Rousseau.

(11) Si-tôt que la puissance législative parle, tout rentre dans l'égalité; toute autorité se tait devant elle, sa voix est la voix de Dieu sur la terre. *Idem.*

sent prévu que celle-là en dût dépouiller un jour celle-ci, ils se seroient conservé leurs présents? Je n'en doute pas; mais j'ose répondre que les fondateurs ont fait autant de vols à la société, qu'ils ont donné de biens à l'église, parce qu'ils n'étoient pas les maîtres d'en disposer en sa faveur, sans consulter le vœu de la Nation. En effet, n'est-il pas vrai, ô mes neveux! que la société est plus ancienne que l'église, & que par conséquent les droits de l'église dérivent de ceux de la société; car enfin, je ne crois pas que l'église ose s'attribuer jamais, comme son propre ouvrage, la protection, mais bien l'usurpation des propriétés; la sûreté, mais bien la servitude des individus? N'est-il pas vrai que la société a pu & peut encore subsister sans l'église; mais que la derniere ne peut subsister sans la premiere? Comment ose-t-on donc alléguer que l'état est dans l'église?

Que seroient devenues les possessions du clergé, en supposant, par impossible, que la société eût cessé de les défendre? Ils auroient été sans doute la proie du plus fort. Que seroit devenu le clergé lui-même? Je l'ignore. Or, si, comme il est vrai, les propriétés & les individus sont un domaine essentiel de la société, on n'en peut rien extraire sans le consentement de la volonté générale, car c'est elle-même qui permet, & qui cependant pourroit empêcher, si elle le jugeoit à propos, les ventes & contrats entre particuliers ; d'où il résulte que les fondateurs n'ont pu donner validement, & que la société est toujours en droit de reprendre la chose donnée, tant qu'elle n'a pas sanctionné la donation.

En vain objectera-t-on que le roi avoit solemnisé cette libéralité par l'amortissement ; il ne pouvoit le faire, à moins qu'il n'y fût expressément autorisé par le vœu de la nation, par la loi : parce que le roi lui-même tenoit sa souveraineté de cette loi, à l'ordre de laquelle il lui étoit impossible de se dérober, sans devenir despote. Je dis plus, quoiqu'on supposeroit cette donation faite de l'agrément général, elle ne pourroit être irrévocable, car, « d'un moment à l'autre, dit J. J. Rousseau, la volonté générale peut changer & révoquer ce qu'elle auroit fait précédemment (12). »

De maniere, ajoutera-t-on, que les biens de fondation étant distraits de l'affectation à l'église, les fondations ne seront plus acquittées ? Pourquoi non ? la nation paiera-t-elle un curé, des

(12) En tout état de cause un peuple, est toujours maître de changer ses loix, même les meilleures ; car, s'il lui plaît de se faire mal à lui-même, qui est-ce qui a droit de l'en empêcher ?

Cont. Soc. l. 2, ch. 12.

vicaires, pour faire tout le ſervice divin d'une paroiſſe, ou bien pour dormir?

Pourquoi, s'écrie-t-on, admettre la liberté de conſcience & d'opinion religieuſe!

Cette plainte me fait pitié dans la bouche du clergé; elle fait voir que l'égliſe trouvoit de la conſolation à tyranniſer, par ſes enfants, la moitié du genre humain, puiſqu'elle regrete de voir briſer le joug de l'intolérance; cependant le propre de l'égliſe auroit dû être de perſuader, & non de contraindre. Quand, ſous le prétexte ſpécieux de pourſuivre l'erreur, elle m'ordonne de haïr mon ſemblable, parce qu'il profeſſe une autre religion que moi; ne s'éloigne-t-elle pas du précepte du ſage, qui eſt d'aimer ſon prochain comme ſoi-même? Ne ſemble-t-elle pas même encourager à l'homicide?

Un juif, un proteſtant, pour être juif ou proteſtant, ſont-ils moins mes freres devant la loi de Dieu?

Si l'égliſe s'eſt mal-à-propos arrogé le droit de pourſuivre civilement un individu qui n'a jamais reconnu ſon pouvoir, pourquoi la Convention Nationale n'auroit-elle pas celui de le réhabiliter dans les honneurs civils? l'égliſe auroit dû ſe contenter d'excommunier & de damner, ſi elle eut voulu, cet infortuné pour l'autre monde, mais qu'elle le laisse en repos dans celui-ci (13).

Examinons maintenant si la foi est altérée par les décrets de la Convention Nationale ?

On ôte au clergé des biens dont il abusoit, & qui le déshonoroit ; on le réforme selon le

(13) Alors tout a changé de face ; les humbles chrétiens ont changé de langage, & bientôt on a vu ce prétendu royaume de l'autre monde, devenir sous un chef visible, le plus violent despotisme dans celui-ci. Cependant, comme il y a toujours eu un prince & des loix civiles, il a résulté de cette double puissance, un perpétuel conflict de jurisdiction, qui a rendu toute bonne politique impossible dans les états chrétiens, & l'on a jamais pu venir à bout de savoir auquel, du maître ou du prêtre, on étoit obligé d'obéir.... Par-tout où le clergé fait un corps, il est maître & législateur dans sa patrie..... Par-tout où l'intolérance théologique est admise, il est impossible qu'elle n'ait pas quelque effet civil ; & si-tôt qu'elle en a, le souverain n'est plus souverain, même au temporel : dès-lors les prêtres sont les vrais maîtres ; les rois ne sont que leurs officiers.... Mais quiconque ose dire, hors de l'église point de salut, doit être chassé de l'état, à moins que l'état ne soit l'église, & que le prince ne soit le pontife.

Cont. Soc. l. 4, *ch.* 8.

J'espere que cette citation me vaudra l'excommunication ; mais je m'en réjouis, je la desire, puisqu'elle est, dit-on, le partage de tout bon citoyen, de tout honnête homme.

monde, pour le forcer de se rétablir selon l'Evangile selon son auteur ; & pour cela, la foi chancelle, dit-on, la foi tombe.

Interrogeons d'abord la commune opinion : interrogeons l'église même. Qu'est-ce que la foi ? C'est un don de Dieu, une vertu surnaturelle. Eh bien ! si elle est un présent surnaturel, il n'est pas dans la puissance de l'homme de la détruire. Le plus grand despote, le pape lui-même, ne le pourroit ; la foi habite dans le cœur, & il n'est donné qu'à l'œil infaillible de Dieu d'y pénétrer & d'y lire (14).

En vain ces rebelles tonnoient en chaire & se répandoient en injures, en sophismes, pour égarer la crédulité d'un peuple à présent éclairé : il ne les écoutera plus, il sera sourd. Ce peuple sait que les mécontents sont intéressés à desirer la continuation des anciens abus ; il suspectera & rejetera comme mensonge avec raison tout ce qui sortira de leur bouche.

Il ne s'agit pas de faire du bruit & de crier, pour

---

(14) O vertu, science sublime des ames simples ! faut-il donc tant de peines & d'appareils pour te connoître ? Tes principes ne sont ils pas gravés dans tous les cœurs ? Et ne suffit-il pas, pour apprendre tes loix, de rentrer en soi-même, & d'écouter la voix de sa conscience dans le silence des passions.

J. J. Rousseau.

être crû, il faut convaincre, il ne suffit pas d'avancer vaguement que la foi s'éteint, que la foi se perd, il faut prouver ; & voilà l'impossible.

Quelque soin que prennent les prêtres pour cacher leurs perfides intentions par des apparences de piété, elles percent, elles se décelent malgré eux ! A quoi leur sert de feindre ? Il vaut mieux qu'ils se plaignent tout de suite de ne pas trouver en nous les dispositions faciles que leur prédécesseurs nourrissoient dans l'ame de nos ancêtres, pour perpétuer leur excessive domination, que d'affecter sur la religion, des sentimens dont elle s'indigne elle-même. Ils se feroient du moins un nouveau nom, celui d'être sinceres. Il est certain qu'au grand regret du clergé, la raison a beaucoup acquis, & le fanatisme beaucoup perdu depuis le messacre de la St. Barthélemi. Où en serions-nous, si l'ignorance & l'aveuglement du quatorzieme siecle avoient survécu jusqu'à nous. On sait que les prêtres d'alors commandoient aux fideles comme à des esclaves : on sait qu'il pousserent aux meurtres le Français contre le Français : on sait combien de victimes ils firent immoler pour la défense d'une cause aussi injuste que celle de nos jours. Il ne seroit pas à souhaiter que la foi fût aussi aveugle que dans ces temps calamiteux ; la patrie seroit bientôt embrasée des feux de la guerre civile, & nos rivieres, nos fleuves seroient bientôt teints & débordés du sang de ses enfants.

Certes, s'il demeuroit encore dans nos prêtres quelque reste de charité, quelque vestige d'humanité, la crainte de devenir les assassins d'un peuple entier, les feroit trembler, & rentrer en grace avec nous; mais que dis-je! eux de la charité, de l'humanité! ils n'en eurent jamais que les simulâcres empruntés; on ne connoît gueres cette espece de gens: il n'est aucun de ces forcénés qui ne souhaiteroit de bon cœur sacrifier toute la terre à son ressentiment, plutôt que de renoncer au barbare plaisir de se venger.

Revenons à notre these. Serons-nous moins chrétiens, mes neveux, je vous le demande; ma foi, la vôtre, sera-t-elle moins vive & moins ferme, parce que le chef visible de l'église cessera de grossir son trésor temporel de notre numéraire; parce que le clergé Français sera notre pensionnaire, au lieu d'être notre riche oppresseur; parce que l'intrigue ou la politique ne disposeront plus de ses emplois; j'ai la satisfaction de voir que la constitution, bien loin de refroidir notre charité, ranime en nous le zele & les devoirs du vrai chrétien. Témoins, cette fraternité & cette égalité qui nous rapprochent & nous unissent par elle.

Croyez donc, ô mes neveux, que lorsqu'on a reproché à nos législateurs d'atténuer la foi dans leurs décrets, c'étoit la calomnie qui se déchaînoit contr'eux. Croyez, que pour nous surprendre, la perfidie avoit emprunté le langage séducteur du ciel ; heureusement qu'à travers le voile sacré dont elle couvroit ses projets criminels, nous avons su démêler ses artifices, repousser ses impostures, & l'abreuver elle-même des poisons qu'elle avoit assaisonnés pour nous.

Croyez que nos Représentants n'essayerent jamais de porter des mains sacrileges sur l'arche sainte ; ils étoient trop bien pénétrés de cette vérité, qu'il n'étoit pas en leur pouvoir de l'atteindre. Comment, au surplus auroient-ils osé le tenter, eux qui, comme nous, ont appris dès leur naissance à s'humilier respectueusement devant lui ?

Quiconque donc refuse d'obéir quand la loi parle, se déclare l'ennemi de tous ses compatriotes, parce que, en s'élevant contre la loi, il s'éleve contre l'œuvre de tous, contre le sien même ; il déclare qu'il ne veut plus vivre en société, & qu'il ne veut plus rien d'elle. Dès-lors on peut le regarder comme un être isolé & mort au milieu de tous.

Tel est le sort de tous les réfractaires à la loi. Objectera-t-on que les décrets de la Convention Nationale ne sont pas des actes de la volonté générale ? On se trompera, ils sont devenus tels par l'acceptation du peuple.

Il n'est pas nécessaire d'être grand politique pour pressentir que la vaste étendue de la France

& l'immense population de ses habitants mettent le peuple dans l'impossibilité de se réunir en masse, & de dicter lui-même ses loix ; il est forcé de convenir de Représentants chargés de les faire en son nom ; c'est à lui de les recevoir ou rejeter lors de leur proclamation.

Je demanderai ici aux rebelles qui font cette objection, si les édits sur l'amortissement & sur le don gratuit, étoient plus solemnels que les décrets ; tout effrontés qu'ils sont, assurément, ils n'oseront le soutenir, cependant ces édits étoient bien observés par le clergé ; d'où vient donc qu'il proteste en partie contre les décrets.

Quoi donc ! à cause que respectant la dignité d'homme & se relâchant de sa rigueur, la loi craint de proscrire un citoyen, elle demeurera sans force & sans vertu. Quelle erreur ! peut-on s'abuser ainsi ? comment les prêtres séditieux ne voient pas qu'elle dédaigne de les contraindre & qu'elle se contente de leur faire grace, & de jeter un regard de commisération sur leur erreur.

Qu'elle est sage, qu'elle est juste, cette loi ! elle sait mépriser, comme dit Castillon, ce fantôme pointilleux qui s'allarme pour un dogme, qui persécute pour un mot mal interprété ; mais elle respecte la religion sainte, cette fille des cieux qui ne respire que le bonheur des hommes & l'avantage de la société, & qui ne reconnoît pour ſes miniſtres, que ceux qui les éclairent par leur doctrine, qui les corrigent par leur exemple, qui mettent leur honneur dans la vertu, leur richeſſe dans la modération, leur ambition dans l'humilité.

Certes, quelqu'indulgent que ſoit l'amour-propre de nos prêtres, il ne leur dira jamais qu'ils ſe reconnoiſſent à ce portrait, eux qui, non contents de nous envier les premieres jouiſſances de la conſtitution, ne ſe ſont pas même fait un ſcrupule de prêcher indirectement le feu & le ſang. Dignes ſucceſſeurs du Dominicain Clément, ce n'eſt pas de leur faute, ſi leur exécrable morale n'a pas produit l'effet qu'ils en attendoient. Mais hélas! que dis-je? ô Vannes, ô Uzès, ô Niſmes! vos murs ont retenti juſqu'à nous des cris du fanatiſme.

Vous ſerez ſans doute ſurpris d'apprendre, ô mes deſcendants, que ſous l'empire de la raiſon & de la philoſophie, le fanatiſme, ce monſtre, ce fléau des humains, ait oſé lever ſa tête altiere, & appeller des maſſacres; l'égliſe avoit pour maxime fondamentale, de pourſuivre indifféremment ſes enfants & ceux de toutes les ſectes; elle ne doit point avoir d'ennemis; elle n'a été créée par ſon auteur, que pour inſtruire, perſuader, édifier, & non pour tourmenter les hommes. Cependant, combien de temps ne l'a-t-elle pas fait? je m'étonne avec raiſon, qu'on ait tant parlé des martyrs du paganisme, & jamais de ceux de l'église. Je suis bien éloigné de la commune opinion ; je tiens que dans deux seules circonstances mémorables, le massacre de la St. Barthélemi & la confirmation de l'édit de Nantes, l'église a fait peut-être plus de martyrs que les persécutions des infideles n'ont pu lui en faire pendant toute leur durée.

Dieu ! qu'il y avoit loin de la conduite que tenoit l'église depuis tant de temps, à celle qu'elle auroit dû se proposer ! Ce n'est pas d'aujourd'hui qu'elle fait crier & gémir, ce n'est pas d'aujourd'hui qu'on s'en plaint : « je me ferai catholique, répondoit déjà le vertueux Sully au cardinal du Perron qui l'en prioit, quand vous aurez supprimé l'évangile : car il est si contraire à l'église romaine, que je ne peux pas croire que l'un & l'autre aient été inspirés par le même esprit ».

Lorsque les chefs de cette église entendoient toute la terre lui reprocher ces ridicules & son déshonneur, n'auroient-ils pas dû travailler de concert à sa réforme ? Ils auroient prévenu du moins la loi civile, ils auroient prévenu l'affront qu'ils reçoivent aujourd'hui ; mais ç'eût été pour eux un trop grand sacrifice, de renoncer à la gloire de tout opprimer : il falloit, au contraire pousser son despotisme jusqu'au dernier période, ils l'ont fait : il falloit proscrire & expatrier, par la bouche de Louis-le-Grand, la moitié de ces fideles sujets contraints d'errer long-temps sans asyle, à travers les montagnes, les rochers, les déserts sur les rives de la France qu'ils ne pouvoient quitter; mais enfin, grace à Dieu, ils ont comblé la mesure, ils ont lassé le ciel de tant d'excès qu'ils commettoient en son nom, & ont préparé eux-mêmes leur honteuse chûte, le triomphe de la véritable église du Sauveur, & celui de tous ses vrais enfants; car la calomnie aura beau dire que les dogmes essentiels & constitutifs de cette église sont attaqués par les décrets qui la concernent. La raison & la vérité démentiront toujours cette imposture. En effet, l'expérience montre déja que depuis sa réforme, elle s'éleve plus belle & plus glorieuse dans sa noble simplicité près des débris épars de son ancienne, mais futile grandeur.

J'avoue que si, pour avoir une foi, telle que l'église l'exigeoit, il étoit nécessaire que son clergé fût riche, orgueilleux, indépendant, & que les hommes se fillent sans cesse une guerre d'opinion & de culte religieux; j'avoue que notre constitution nous rend hérétiques-schismatiques; mais si, au contraire, la foi du vrai chrétien ne doit respirer que la paix, la charité & l'amour du prochain, on ne disconviendra pas que l'église n'ait elle-même été long-temps hérétique-schismatique & que notre constitution n'ait eu beau jeu pour l'excommunier.

Disons que si cette constitution eût conservé au pape les annates & tout son temporel Français, il n'y auroit point d'hérésie. Disons que si la loi eût organisé le clergé, & exigé de ses membres, le serment civique, avant de décréter la retraite de ses possessions, tous auroient juré l'obéissance, & il n'y auroit eu de chisme, que lorsqu'elle auroit voulu les dépouiller de ses biens ; car remontons à la véritable cause, le reproche du prétendu schisme hérétique ne dérive que du regret de l'église, de voir tomber de ses mains le sceptre de sa domination civile & temporelle.

Néanmoins on nous menace, on nous assure même que nous sommes sous le poids d'une excommunication générale ; en bonne foi, cela est-il vrai ? Je ne peux gueres le croire ; ce n'est pas que je craigne pour moi cette excommunication ; je craindrai bien plus celle de la loi civile ; l'une est bien plus juste, plus légitime sur terre que l'autre. Je suis comme le grand prêtre Joad ; je crains Dieu... & n'ai pas d'autre crainte. J'accorde cependant qu'il est triste d'être excommunié pour une cause juste, mais pour une cause injuste, non.

Quoiqu'il en soit, d'ailleurs, je serois bien fâché, s'il m'est permis de dire tout-à-fait mon sentiment, je serois bien fâché que le vatican préconisât notre constitution, notre état actuel seroit

sans

ſans doute pire qu'il n'étoit avant la révolution ; j'aime beaucoup mieux qu'il la réprouve : notre félicité eſt plus certaine.

En vérité, le Saint-Pere a raiſon de nous damner en ce monde pour l'être lui-même dans l'autre ; qu'il anathématiſe nos loix, parce qu'il gémit de ne les avoir pas dictées, il fait bien. Il va du moins ſe montrer, comme ſes dévanciers, l'apôtre de l'injuſtice, & ſe mettre dans le cas de n'en plus impoſer par ſon pouvoir, aux hommes de bonne foi. Qu'il ſe tranſporte à Paris : on l'y attend pour lui donner la ſatisfaction de voir brûler ſon portrait & ſa bulle.

Il n'eſt plus, ce temps où l'orgueil & l'ambition faiſoient ſervir les foudres de Rome à l'accompliſſement de leurs deſſeins ; il n'eſt plus le temps, où les rois effrayés portoient avec reſpect la chaîne des pontifes ; c'eſt en vain qu'on voudroit le faire revivre.

Applaudiſſons-nous, ô mes neveux, que le pape n'ait pas autant de forces que de bonne volonté, la France ſeroit bientôt couverte de ſes ſoldats, & certainement nous aurions bien plus à le redouter que tous nos ariſtocrates, que toutes les puiſſances réunies de l'Europe & de la terre entiere.

Ah ! Sa Sainteté s'eſt donc laiſſée ſouffler, par

l'intrigue & par son intérêt personnel, un arrêt de récrimination contre la Convention Nationale, & de réprobation contre nous : eh bien ! tant mieux, nous nous en consolons aisément, ou pour mieux dire, nous en rions comme des prophéties de Nostradamus.

Comment ! parce qu'Avignon & Carpentras veulent se donner à la France & rejeter ses loix pour adopter les nôtres, le Saint-Pere met la France en interdit? je l'en félicite : n'use-t-il pas de beaux moyens pour les recouvrer ? pour moi, qui crois apprécier le mérite d'une telle conduite, je ne vois-là qu'un plus sûr expédient pour les perdre, & qu'un témoignage authentique de la part de ses sujets, que notre constitution est juste, & lui injuste !

Apparemment que le bonheur social, dont il n'est pas l'auteur, est pour lui un soleil trop ardent qu'il ne peut fixer & qui blesse ses regards : il feroit beaucoup mieux de profiter de l'exemple, & de le faire goûter dans ses états, ce bonheur, plutôt que de jouer du hochet, comme un enfant : au surplus, puisqu'il est possédé de la fureur d'excommunier, qu'il frappe d'anathême ces hypocrites déja proscrits de la loi civile, qui voudroient voir la France inondée du sang des fideles, & qui, sous le masque & le langage de sa vertu, osent le demander : nul ne le mérite plus qu'eux ; car s'il existe un schisme, ce sont eux qui l'établissent, en se mettant en opposition avec la plus saine, la plus raisonnable portion de la République qui est le tiers état.

Voyez ma singularité. Depuis son origine, je ne regardois la Convention Nationale que comme une compagnie d'hommes justes ; mais depuis que le pape l'a maudite, je la crois divine ; elle a pris sa place d'autant mieux qu'elle tient le sceptre de la sagesse, & lui, celui de la vengeance. Néanmoins on doit le lui pardonner ; il est homme, il a le cœur gros de tant de choses, sur-tout de ses annates & de ses principautés. Laissons, laissons ce chef visible vomir en paix son fiel invisible, nous avons le contrepoison : cette fraternité qu'il n'a pu nous voir jurer sans pâlir, & qui lui donnera chaque année des convulsions, doit nous servir d'égide contre les coups qu'il peut nous porter. Il s'abuse, il croit nous diviser par sa bulle ; mais nous avons pris la promesse d'être unis ; & certes nous ne l'enfreindrons pas : il croit, par quelques mots latins, ensanglanter & mettre en combustion notre patrie ; mais bon ! il ne fera que resserrer les nœuds qui lient ses enfants.

Garde à vous, mes neveux, ne négligez pas cet avis ; un jour viendra sans doute où vous en aurez besoin : vous verrez là discorde emboucher la trompette sacrée pour vous enhardir au fratricide ; mais soudain armez-vous de l'évangile d'une main, & de l'autre, de votre constitution ; étudiez-les tour-à-tour, vous y verrez qu'ils s'accordent à vous prescrire d'aimer vos concitoyens, & non de les assassiner ; vous y retrouverez votre serment écrit, & vous pressentirez d'avance le crime qu'il y auroit à le violer. Défiez-vous sur-tout de toute espece d'ordres qu'on voudroit vous donner, tant qu'ils ne viendront pas des organes de vos loix : ces ordres même vinssent-ils de Rome, faites comme nous, si vous ne les reconnoissez pas conformes aux principes de la charité chrétienne & de la pure équité, méprisez-les. Une crédulité sans borne est toujours le stérile hommage de l'homme stupide ; que la vôtre ne soit pas aveugle : & quelqu'empressés que vous soyez de votre salut, ne confondez pas une juste avec une injuste excommunication. Soyez certains que l'injuste ne doit faire trembler que celui qui la lance, & n'oubliez jamais qu'une bonne conscience peut & doit la braver. Les malheureuses, & peut-être innocentes victimes de la Bulle *Unigenitus*, nous en ont transmis le précieux exemple & nous le suivrons, si toutefois nous y sommes réduits.

Après avoir rétracé les erreurs de l'ancien régime

& les avantages du nouveau, j'ai cherché à vous démontrer, ô mes neveux, que les loix sur lesquelles les ecclésiastiques rebelles se récrient, étoient émanés des mêmes regles d'équité & de sagesse, qui ont dicté le décret sur les droits de l'homme, dont elles sont une suite nécessaire, & que les mutins qui refusent l'obéissance, sont des traîtres à la patrie, autrement des excommuniés de la société : c'est à vous de décider si j'ai rempli mon but; j'ai cru voir que les motifs, qui, jusqu'à ce moment les ont dirigés, prenoient leur source dans un fond inépuisable d'orgueil ou d'intérêt, de méchanceté ou d'injustice, de prévention ou d'ignorance : je vous l'ai fait remarquer.

J'étois bien aise de vous faire préjuger les dangers qu'il y a de se prévenir aveuglément pour ses ministres ; car il est rare, quand ces hommes adroits, follement idolâtres du peuple, n'abusent pas de la confiance qu'on leur donne pour envahir sa liberté. Combien d'entr'eux ne recelent pas, sous les dehors imposteurs de l'hypocrisie, les intentions les moins convenables à leur caractere? Si leur orgueil s'abaisse ou se déguise quelquefois sous le voile de l'humilité, c'est pour arriver plus sûrement au but qu'il se propose, c'est un artifice dont ils se servent pour subjuguer les autres. Ainsi, dans les circonstances actuelles, je vois leur ambition & leur malice, mettre en œuvre toutes sortes de vertus & de vices, & sacrifier même de petits intérêts pour aller à de plus grands.

Puis-je songer sans frémir qu'ils furent dans tous les temps, les premiers tyrans des humains, & les premiers artisans de leurs malheurs.

Gardez-vous de ramper jamais sous eux, ils vous asserviroient de nouveaux (15) ; conservez toujours votre énergie ; soyez hommes, soyez citoyens, soyez libres.

Mais à quoi bon cette leçon, elle vous sera inutile : vous n'aurez pas à craindre comme nous, je vous le répete, un clergé rebelle, imbu de tous ses anciens préjugés.

Malheur à qui, dans ces temps heureux, pourra s'oublier au point de profaner par des mépris la constitution ou le nom de son gardien ! vous le ferez bien repentir de sa témérité.

Je termine mes conseils, ô mes neveux, en vous rappellant l'engagement éternel que j'ai pris pour vous & pour moi, d'être fideles à la loi, & d'être unis comme freres avec tous les Français ;

---

(15) Peuples libres! souvenez-vous de cette maxime. On peut acquérir la liberté, mais on ne la recouvre jamais.

Cont. Soc. l. 2, ch. 8.

d'une amitié inviolable. Chaque Décade vous ratifierez cette belle promesse, en y comprenant tous les hommes avec tous vos compatriotes. Périsse au berceau celui de vous qui feroit capable de l'enfreindre !

FIN.

[illegible]

[illegible]
[illegible]
[illegible]
[illegible]

www.ingramcontent.com/pod-product-compliance
Ingram Content Group UK Ltd.
Pitfield, Milton Keynes, MK11 3LW, UK
UKHW020414230726
13925UKWH00004B/1424

9 782014 027327